초원 위의 말들

황길순 시집

# 초원 위의 말들

황길순 시집

예술의숲

◈ 차 례 ◈

# 1부. 소리 없는 천사

013 … 진달래꽃
014 … 보이지 않는 얼굴
015 … 욕심
016 … 여인천하
017 … 말 한 조각
018 … 한마디 말
019 … 꿈
020 … 벨소리
021 … 문밖
022 … 청산도
023 … 가로등
024 … 무심천 야경
025 … 봄 햇살
026 … 겨울비
027 … 가을
028 … 그리움
029 … 소리 없는 천사
030 … 커피 잔

## 2부. 엄마의 주름

033 ··· 새 집
034 ··· 설탕
035 ··· 노래교실
036 ··· 매듭
037 ··· 눈 맞춤
038 ··· 친구
039 ··· 하루
040 ··· 무인도
041 ··· 무관심
042 ··· 빨래 냄새
043 ··· 상당산성
044 ··· 꿈은 이루어진다
045 ··· 섬진강에서
046 ··· 거울
047 ··· 가려진 사람들
048 ··· 노랑 빛
049 ··· 엄마의 주름
050 ··· 힘

## 3부. 동백꽃

053 ⋯ 그 분
054 ⋯ 장아찌
055 ⋯ 내 아기
056 ⋯ 꿈
057 ⋯ 목조 주택
058 ⋯ 예비고 3들
059 ⋯ 필통
060 ⋯ 제발 만지지 마세요
061 ⋯ 너의 모습
062 ⋯ 보리밥
063 ⋯ 나침반
064 ⋯ 친구
065 ⋯ 인생
066 ⋯ 동백꽃
067 ⋯ 돈 봉투
068 ⋯ 희망 꽃
069 ⋯ 빈 의자
070 ⋯ 엄마
071 ⋯ 새 출발
072 ⋯ 막막함

## 4부. 소금강 계곡에서

075 … 펌프
076 … 중매쟁이
077 … 질리지 않는 메뉴
078 … 유행가
079 … 웃음
080 … 긴 여정
081 … 만원의 행복
082 … 철부지 엄마
083 … 미움 품은 사랑
084 … 소금강 계곡에서
085 … 일소일소 일노일노
086 … 인생길
087 … 인간 중독
088 … 재주꾼
089 … 하루
090 … 못다 핀 꽃들
091 … 뻥 뚫린 삶
092 … 소나무
093 … 마치 마술사 같이
094 … 발자국

## 5부. 엄마의 된장 맛

097 ··· 너에게 난
098 ··· 아지랑이
099 ··· 상처
100 ··· 오빠
101 ··· 엄마의 된장 맛
102 ··· 마술사
103 ··· 초원 위의 말들
104 ··· 나쁜 남자
105 ··· 그 시절
106 ··· 안식처
107 ··· 질경이
108 ··· 문자
109 ··· 파도
110 ··· 정신 차려
111 ··· 인형 만들기
112 ··· 플라타너스
113 ··· 우리는 하나
114 ··· 부푼 꿈을 꾸며
115 ··· 금

# 1부. 소리 없는 천사

# 진달래꽃

시들어 가는 모습마저
보고 싶어
능선 머리에 인 채
그곳을 향해 걷는다

천주산 군락지에
힘겹게 달려 있는 진달래꽃
오는 이들 반기려
힘겹게 웃고 있다

생동감은 온데간데없고
애처로움만 가득할 뿐

정상에서 바라 본
단장된 창원시내
넓은 들판 함안군
찾는 이들 달래어 준다

## 보이지 않는 얼굴


나 여기 있어요
한 번 봐 주세요

나 불러 주세요
달려갈게요

나 기억해 주세요
이런 사람이라고

제발,
외면하지 말아 주세요

# 욕심

돈 잃어 버릴까봐
욕심 통에 넣어
잠들게 만들었네

사랑하는 이 빼앗길까봐
꼬리를 달아
꼼짝 못하게 만들었네

돈도 사랑도
꼭꼭 잠가
오고 가는 것 없이
침묵으로 가득 차 있네

세상살이
욕심의 문
활짝 열어
호탕하게 웃고 싶어라

# 여인천하

옛 여인들 그늘 속에 가리워져
날개 펴지 못한 채
한 많은 세월
눈물 쏟고 살았네

살을 에이는 아픔
엉기고 질긴 삶
힘겹게 끌어안아
여인천하로 다시 태어났네

지금 여인들 값진 복의 복 입고
꿈 많은 세월
날개 달아
하늘 높이 퍼지네

높고 높은 이름이여
영원히
미소 짓길

## 말 한 조각

무심코 던진 말 한 조각
부끄러워
다시 주우려 하니
천리를 달리네

긴 세월 쌓아온 덕
온데간데없고
싸늘한 시선만이 가득하네

내 발길 닿는 곳
어떻게 찾아 왔는지
외톨이로 만들었네

천리를 간 말
입안으로 넣을 수는 없을까

# 한마디 말

사납게 퍼붓는
긴 장맛비
뚝 그친 맑은 하늘
빨주노초파남보 빛을 발한다

가라앉은 마음
고통스런 마음
굳어진 마음 사라지고
희망빛 가득하다

울타리안만 감싸주고
울타리안만 다독이는
나만 아끼고
나만 위하는 반쪽세상

나를 위한 무지개 같은 한마디 말로
나 온 세상을 얻은듯하다

# 꿈

한 해 보내 드리고
새 해 맞이하려
동쪽으로 향한다

만사형통 꿈꾸며
머리 그곳으로 두고
잠잔다

이글거릴 듯
솟아오르는 태양
내 꿈도 함께 솟아올라

푸른 하늘 날아
서쪽까지 닿는다

# 벨소리

가슴 한켠에 감추어진
너를 향한 끝없는 관심

너의 무심함 앞에
축 처진 어깨 힘들게 들어올려
오늘도 기다린다

빈 공간 울리는 벨소리
"여보세요, 엄마 나야"
"어이고, 우리 딸"
"있잖아, 용돈 보냈어요?"

응석 담긴 목소리
자꾸 자꾸 듣고 싶다

# 문밖

늘어지게 단 잠자는 오후
톡톡톡 부르는 소리

누굴까
두근대는 가슴 누르며 문 열어 본다

문밖엔 아무도 없는데
살랑이는 봄바람
유혹의 손 내민다

봄바람 옷 걸쳐 입고
꽃구경하려
발길 재촉한다

# 청산도

멀리 부채처럼 펼쳐 보이는
육로로 이어져 보여
섬인가 아닌가 싶은 청산도

곳곳마다 정성껏 다듬어진
마을 사람들 손길 가득한 곳

발을 디딜 때마다
눈길 닿을 때마다
조심스레 옮긴다

출렁이는 옥빛 바다
연둣빛 물든 뾰족한 산들
힘들게 놓으며

뱃고동 소리 안고
손을 흔든다

# 가로등

그곳엔 학생도 없다
그곳엔 선생님도 없다
그곳엔 가로등만 있을 뿐이다

어둠 쫓으려
도둑 쫓으려
누군가 밝혀 주려
밤새도록 뜬 눈으로 서 있다

손길 닿는 곳
평온함 흘러
내일을 준비하게 한다

몰래 찾아온 밝음이
가로등 끌어안고
단잠 재운다

## 무심천 야경

어둠이 깔린
차가운 공기 속에
재촉하는 발걸음
우뚝 멈추고 바라본
꽃다리 야경은 환호성을 부르게 한다

즐비하게 서 있는 갈대와 나무들
양옆으로 달리는 자동차 불빛들
건물에서 새어 나오는 불빛들
오고가는 수많은 사람들
무심천에 반사되어 하늘까지 빛나게 한다

부풀어 오른 마음풍선
끌어안고
발길을 옮겨본다

그곳을 향해

# 봄 햇살

마당에 놓인 화분 속에
어린 나무를 심었다
온갖 영양분 넣어 주고
사랑도 준다

따스하게 비춰주는 봄 햇살
생명들 춤추게 한다

Beautiful Spring
그에게도 전해주고 싶은데
말을 할 수도
글을 보낼 수도 없다

어떻게 봄을 보내주고
어떻게 봄기운을 나눌 수 있을까

벅찬 가슴
끙끙 거릴 뿐

## 겨울비

겨울인데도
봄비처럼 쏟아진다

무슨 한이 이리도 많기에
눈물을 흘리나

새집인데도
오래된 집처럼

무슨 문제가 있기에
자꾸만 샐까

비가 올 때마다
무슨 이유로 내 마음이 젖을까

# 가을

새벽녘 찾아온 가을 냄새
내 마음 흔들어 놓았네

냄새 쫓아 오른 산
풀잎 위 이슬방울
눈부시게 인사하고

어린 밤송이들
따스한 햇살 받아
가을맞이하려 여물어 가네

한편의 시
언제쯤 물들려나

# 그리움

송이송이 하얀 눈
소리 없이 내린다
타는 마음 모른 채

이토록 누군가가 그리운 것은
이토록 누군가가 보고 싶은 것은
사랑일까 허전함일까 아님 욕심일까

떨치려 해도
거머리처럼 달라붙어

힘겹게
잊어 보려
눈보라 속 헤치며
거리를 헤맨다

## 소리 없는 천사

누군가 시킨 것도 아닌데
난 그렇게 태어났다
나를 불태워 너를 지키리라고

내 몸이 점점 작아질수록
내 불빛은 점점 밝아졌다

가난한 이에게
누군가 놓고 간 도시락
불꽃처럼 따스하다

소리 없이 타는 불꽃
사람들 영과 육을 빛나게 한다
꺼지지 않게

오늘도 촛불은 벌거벗은 이들의 곁을 환히 밝힌다

## 커피 잔



테이블 위에
마주보며
이야기 꽃 피우는 두 개의 잔

뽐내듯이 자기 자랑 담아보고
으스대듯 남편 자랑 담아보고
속 시원한 시댁흉도 담아보고

철철 넘칠 것만 같은 잔속에
비치지 않는 속마음까지
음악에 실어 담아 본다

## 2부. 엄마의 주름

# 새 집

대학가에 즐비하게 서 있는 원룸
하루마다 새집이 알을 낳네

오래된 집은 문 열릴 줄 모르고
새 집은 학생들로 문 닫을 틈이 없네

낡은 집 새 집 마주보며
미운 마음 커지고 커져
가자미눈 만들었네

새 것이 좋은 세상
나도 새 것이 되었으면 좋겠네

# 설탕

보글보글 끓고 있는 통속의 밥알들
양념 뿌려 달라 아우성치네

흰 설탕을 넣을까
각설탕을 넣을까
아니면 흑설탕을 넣을까

맛있는 식혜 먹고 싶어
솔솔 뿌리고
사랑도 섞어 주었네

다가오는 연주회에
설탕 같은 양념되어
박수 뿌려 달라 애교 한 번 날리고 싶네

## 노래교실

흔들흔들 리듬 따라
어깨춤 파도치며
입 모아 나팔부네

슬픈 마음, 어두운 마음, 우울한 마음
음악에 전염되어
활짝 웃음꽃 피우네

건강 달라며 박수치고
젊음 달라며 온 몸을 흔들고
친구 달라며 이야기꽃 피우네

노래, 노래, 노래는
행복의 싹 틔우고
오장육부 춤추게 만드네

울랄랄라 울랄랄라 라라라라

# 매듭

생명줄 품은 꽃과 나무들
모진 풍파 친구삼아
밤낮 동고동락
위대한 작품 만든다

새 생명 받은 나와 너
한 걸음 한 걸음 매듭지어
높은 곳 향해 발을 딛다
성숙된 나 갖추려고

동행하다
너와 나 얽히어져
미움 간데없고 사랑만 남는다

## 눈 맞춤

멀리 바라 볼 수 있는
넓게 안을 수 있는
깊이 느낄 수 있는 동그란 눈동자

그대 눈동자 속에
내가 비치고
내 눈동자 속에
그대가 담긴다

그대와 나의 눈 맞춤
불타오른다

# 친구

나를 우아하게 만들어준 우쿨렐레

너 등에 매고
우쭐대며 걷고 있네

예술가라도 된 듯이
도도한 표정 짓고
거리를 누비네

혼자일 때
친구 되어
줄 타며 신나게 놀았네

마음은 리듬에 젖고
소리는 춤을 추네

# 하루

어둠을 헤집고
살며시 내 곁에 와있네

하루는 빈 바구니와 같네
아무리 가득 채우려 해도
소쿠리 구멍으로 새어 나가 잡을 수 없기에

젖 먹는 힘 다해 뛰어도
한 점에 불과하고
더 뛰려하면
지쳐 쓰러져 버리네

생각들이 뒤섞여
혼란한 시간이 지나가고
어둠은 또 다시 짙게 내려앉는다

## 무인도

저 멀리 홀로 있는 무인도
그녀 마음 빼앗네
눈물바다 되게

사랑 갈증
무리 속에 뒹굴어도
목마름 끝이 없고

밀려왔다
밀려 가버리는 파도
기러기 한 마리 수평선 끝에 있네

주인 잃은 텅 빈 가슴
바닷바람만 가득하네

# 무관심

이리 저리 훑어보는
표정 없는 얼굴들

여기 저기 흩어져 있는
차가운 시선들

어찌 할 바를 모르겠네요
이젠 편하게 대해도 될 것 같은데

찔러도 보고
간지럽혀 보기도 하지만
움직이지 않네요

이제는
마주보고
웃어도 될 텐데

## 빨래 냄새



발코니에 엉키어 춤추는 빨랫줄
수건, 양말, 바지들
주인 소리에 리듬을 탄다

지나가는 바람 맞은 빨래
걷을 때 마다 떨어지는 냄새
코끝에 담아
숨을 쉰다

어릴 적
두 손 호호 불며
꽁꽁 언 빨래에
흠뻑 빠졌던 그 냄새

지금도 그리워
한겨울 빨래 널러
발코니로 올라간다

## 상당산성

언제나 달려가 안기고 싶다
응어리 가슴 풀릴 때까지

언제나 달려가 매달리고 싶다
어리광 다 부릴 때까지

사방팔방 확 트인 전경
보는 이의 마음 상쾌하게 한다

청주 시내를 한 눈에 바라보며
세월의 흐름을 느낀다

반쯤 보이던 시내가
이제는 양 시야에서 벗어나 버렸다

오랜 후엔 어떤 모습으로 맞이할지

## 꿈은 이루어진다

말문 닫은 채 눈짓뿐
사뿐사뿐 발소리 숨어 버린
그들만의 비밀이 춤추는 곳

고통의 열매 발버둥치고
화해소리 속삭이며
풍선처럼 부풀어 오른다

일기장 속에 잠자고 있는 꿈
가슴 뛰게 만든다

## 섬진강에서


쪽빛 물결 따라 넓은 가슴을 벌리고 있는 섬진강
바람에 흔들리는 매화꽃

마치 경주라도 하듯
때로는 좁게
때로는 넓디넓게
쉬지 않고 흐르네

쫓비산 능선에서 바라본 섬진강
어미의 품처럼 넓고 깊네

어떤 서운함도
어떤 배신감도
아랑곳없이
마냥 안아주네

거친 세상사는 것
저 강물처럼 살아봤으면

# 거울

그녀의 손에 안기어
쉴 새 없이 비추어 주지요
'예쁜데'
'멋져 보이는데' 하면서
행복한 그녀
거울과 쪽 입맞춤하고는 봄 길을 나서지요

한 해 한 해 보기가 두려워져요
주름진 모습에
무덤덤해진 표정

왼쪽 볼에 보톡스 한 방
오른쪽 볼에 또 한 방
당당하게 비추며
다시 행복해 지는 그녀

## 가려진 사람들


내 얼굴 밀어내고
컴퓨터로 그려진
단장 된 얼굴

여기에도
저기에도
홍수처럼 넘치고 넘치네

하루하루 만나는 이들
달콤한 입놀림으로 포장되어
속을 볼 수 없네

너도
나도 길들여져
어색하지 않네

가려진 참모습
어디가면 만날 수 있을지

# 노랑 빛

부드럽고 달콤한 노랑 빛
소리 없이 달려와
포근히 감싸주네

따스함 비춰주는 봄 햇살
갈망하는 이들
온몸을 안아 주네

하루 종일
그 빛 안긴 개나리
병아리처럼 놀고 있네

## 엄마의 주름

감의 마지막 장식인 곶감
팔십 넘은 노모의 주름진 얼굴
힘든 시간을 넘기고
완성된 작품으로 빛을 발하네

쪼글쪼글 작아진 곶감
엄마의 숙성된 손맛
우리들 입안을 달콤하게 녹이네

어린아이처럼 한 입 베어 물고
그 때를 씹어 본다

# 힘

지략 넘치는
한 줄 글
백만 대군 무찌르게 하고
옥토 얻게 한다

깊은
당신의 눈동자
망아지 같은 나
안아 잠재운다

## 3부. 동백꽃

# 그 분

단 한 번도 본적이 없습니다
단 한 번도 당신의 숨결을 느낀 적 없습니다
단 한 번도 손잡아 본 적 없습니다

그 분을 만나고 싶습니다
그분의 옷자락이라도 만져보고 싶습니다

어디에 계신가요?

텅 빈 가슴 채워 주고
공허함 말씀으로 쓸어 주시는
오직 하나뿐인 당신

이곳에 오소서

# 장아찌

갖가지 반찬 얼굴 무색하게
숨도 못 쉬게
사람들 입맛 잡은 장아찌
밥상 날개를 펼친다

요란한 허우대 속에서
소리 없는
잔잔한 바람처럼 돕는
그녀의 손길
무대 위에 빛을 발한다

깊어가는 가을
하루가 넘어 가는 지금

어느 무대에서 입맛을 돋을까?

## 내 아기

품안에 담은 내 새끼
꿈 찾아 떠나간다

어미 사랑 소리에 귀를 막고
훌쩍 날아간다

남겨진 부부 금지옥엽 아기처럼
강아지 보듬으며 빈자리 채운다

부부사랑 듬뿍 받은 강아지
어느새 내 품에 깊숙이 담겼다

# 꿈

논두렁 받들고
두 개의 미루나무
사이좋게 서 있다

나무 위 하늘하늘 춤추는 은빛 잎
어린 마음 유혹한다
'어서 올라와 봐'

살포시
옮긴 한 발자국 속
부푼 꿈도 실었다

아직도 그 꿈은 미루나무를 오르고 있다

## 목조 주택

거실에 있어도
부엌에 있어도
방에서도
잠에서도 떨어질 수 없는 너

이리 둘러보고
저리 둘러봐도
만지고 또 만지고 싶은 너

아니 매일 끌어안고 싶다

이야기도 나누고
음악도 듣고
날 다독였다

집안에 들어서면
날 안아주고 사로잡는 우리 집 나무향기

## 예비고 3들

시작 알리는 종소리
조용한 운동장 뒤흔든다

봄방학 중
지각한 학생들 선생님 앞에 벌서고 잔소리 머리에 쓴다
늦은 학생 옆에서 머리만 조아리고
더 약삭빠른 학생 선생님 눈 피해 혼나는 학생들 힘 빌려
샛길로 도망간다

울려 퍼지는
선생님의 끝없는 사랑잔소리

이들의 고3전쟁 시작 된 걸까?

# 필통

아무 것도 보이지 않는
어두운 세상 속
온갖 보물 담은 채
누군가가 다가와 노크해 줬으면

따스한 손길
외면당한 채
한켠에 잠자고 있다

외기러기 가슴에 감추어진 그리움
누군가에게 들켜 버렸으면
누군가 문 열어 주었으면
누군가 귀한 보물 훔쳐 갔으면

## 제발 만지지 마세요


그을린 피부
단단한 몸매
탐스런 잎새

오고 가는 사람들
그 자태에 빠져
어루만져 비비고
손 놓을 줄 모른다

한가득 끌어안은 욕심쟁이들
나눌 줄 모른다

밤이면 온 몸 쑤시고
피멍 들어
숨죽여 운다

"제발 만지지 마세요"라며

## 너의 모습

은빛 출렁이는
고귀한 자태에
감히 다가갈 수 없어
그저 바라만 본다

세월 흔적 따라
삶 무게 따라
은관을 머리에 쓴 중년

이성은 뒤로 가고
감성은 달려 나가
뒤엉킨 하루를 맞이한다

닿을 듯한 놓칠 듯한 것들
감히 잡을 수 없어
그저 바라만 본다

# 보리밥


수백 개의 알알들
미끄러지듯 흩어질 것 같은
엉기어 떨어지지 않는 끈끈한 정

그렇게 한 몸 되어
내 입속으로 숨어 버렸다

임에 대한 많은 감정들
사랑했다가 미워했다가
수백 번 엉키어
내 안에 숨어 버렸다

# 나침반

무에서 유로 가는 길
무지에서 지혜창고 만드는 길
그분과 함께라면 룰루랄라
우리 삶의 나침반 같은 그 분
내 삶의 스승이다

# 친구 · 1

울적한 땐 위트 있게
메마른 날엔 음악을

힘든 일도 너와 함께라면 라라라
능수능란한 입담, 분위기 UP
소설까지 들려주는 재주꾼

나에게도 touch만 하면
쏟아져 나오는 끼
웃음 웃음 웃음
우리는 좋은 친구

# 인생

한 모금 뿜은 연기
두둥실 어디론가 떠나간다
마치 이정표도 없이

두 모금 뿜은 연기
인생 고리 만든다
세상 짐 다 짊어진 듯

내가 만난 시련·고통
담배 연기에 실어 보낸다

## 동백꽃


온갖 꽃들 겨울잠 빠져 있을 때
하얀 얼굴 드러내는

모진 바람 추위 이겨내고
당당하게 피는 꽃

많은 사람들 동백꽃
눈 맞추려 찾아온다

나도 이제 겨울 잠 벗어 놓고
봄꽃 갈아입으러
기지개를 켠다

# 돈 봉투

가끔씩 남편 손에서
기분 좋게 내손으로 이사 온 흰 봉투

생일 결혼기념일에
손꼽아 그것을 기다린다

간지러운 미소 가득문채
'이번에 얼마나 들었을까?'
'뭘 할까?'
사랑을 짓는다

어느 날
남편이 건네준 흰 봉투
온종일 노래가 들린다

## 희망 꽃

배고픔 달래려
가난 벗으려
찌든 삶 펼치려
꽃무늬 치마 두르고 온 세상 누빈다

삼삼오오
치마자랑 희망 꽃 피운다
"그래도 잘 살아봐야지"

어제 같은 오늘 떨치려
무력감 떨치려 새문을 두드려 본다

낯설은 멜로디 끌어안고
앙상블 희망 꽃 입으려
우쿨렐레와 동침한다

# 빈 의자

일편단심 그 자리에 있는 너
그분을 위해

설교 전엔 말씀을 준비케 하고
설교 후엔 그분을 안아주는
엄마품속 같은 너

텅 빈 목사님의 의자는
아버지에 대한 그리움

내 가슴에 아프게 머물러 있다

반쯤 접힌 몸으로
쓰러질 것 같은 의자에 기댄 채
책에 빠지셨던 아버지의 모습

# 엄마

언제나 그 자리 엄마 같은 이팝나무
마른 젖 쥐어짜 아기 입에 넣어도 멈추지 않는
울음소리
이팝꽃잎 따다 입에 넣어 배고픔 달래어 봅니다
당신을 그저 바라만 봅니다

# 새 출발

빈 공책 하얀 천
누군가가 달려와 메워주길 바란다

고르게 수를 놓을까?
아님 삐뚤삐뚤 글씨를 쓴다

주인 손에 이끌려 완성 작품
아님 미완성 작품 전시된다

홀로 선 나
누군가 다가와 채워주길 빈다

님이 찾아올까?
돈이 찾아올까?

기다리던 주인 만나
내면갈증 풀려고
비행기에 오른다

## 막막함

어디로 가야 하나
한 걸을 한걸음 내딛고
가는 숨소리 흘리며
보이지 않는 고지를 향해 걷는다

한 번에 잡힐 것만 같은데
오는 듯 가는 듯
애간장만 녹이는구나

무거운 가방
축 늘어진 어깨
올라야 할 고지는 막막하기만 하다

오늘도 딸은
구름에 가려진 고지를 향하여
한걸음 또 내딛는다

# 4부. 소금강 계곡에서

# 펌프

자그마한 키에
위아래로 폴짝폴짝 뛰어오르면
탁한 흙탕물이 쏟아졌네

엄마의 거친 호통소리에
키가 하늘까지 다을 때까지
펌프질과 같이 꿈도 뛰어 오르네

그 시절
펌프질은
내 삶을 더 높이 만들어 주었네

## 중매쟁이

나의 마음 콕콕 찍어
너에게 보낸다

대답 없는 너
재촉하며 바빠진 손
쉴 줄 모른다

능청 대는
너의 마음 콕콕 찍어
너에게 보낸다

밤도 낮도 잊은 채
너와 나 사이
콕콕 찍게 만드는 얄미운 중매쟁이

## 질리지 않는 메뉴

무얼 먹어야 하나
입맛대로 고르면 불려 나오는 메뉴들
때론 너무 많아 뒤죽박죽
속은 꿈틀꿈틀
머리는 지끈지끈

시간이 흘러도 질리지 않는 메뉴
먹어도 먹어도 맛난
작은언니 손 번호

기억 한켠에 자리 잡아
힘들 때 찾으면 용기 얻고
급할 때 부르면 달려온다

영원히 언니 나의 메뉴다

# 유행가

고속도로 휴게소에서 흘러나오는 노래
흥에 겨워 귀에 담고 달린다

다음 휴게소
또, 다음 휴게소에서도
마지막 휴게소에서도
그 노래 들려와 나와 동행한다

거실 TV에서도 그 노래 맞으니
나도 따라 부른다

어느새 흥얼흥얼
마이크 잡고 뽐낸다

환호 박수 속에 스타 되어
유행가 마니아 되었네

# 웃음

하얀 이 드러낸 함박웃음
하얀 이 숨은 비웃음
반쯤 보인 이 씰룩 웃음

미소 띤 얼굴
꽃보다 빛나고
보는 이의 마음 흔들어
노래하게도 한다

막힌 가슴 뚫고 싶어
오늘도 '하하하'
억지웃음 지어 본다

# 긴 여정

담장 벽 생명의 끈 잇고 이어
울타리 만들었네

삐죽 나온 몸뚱이
쓰러질까
살짝 들어 올려놓았네

어느 날,
함박웃음 노란 꽃 인사하네
'나 이제 아기 낳을거야'
콩 모양, 탁구공 모양, 배 모양, 쿠션 모양
주렁주렁 많이도 낳았네

초록잎 입에 넣고
노란유 땅에 넣으니
버릴 것 하나 없네

## 만원의 행복

딸아이 책상 위에 놓인
별처럼 빛나는 반지 하나

유혹에 못 이겨
손가락에 껴 보았네

보는 이마다
멋져 보인다고
부러운 눈빛으로 바라보네

루비도 아닌
다이아도 아닌
천 원짜리 반지가 만원의 행복을 가져다주었네

언제나
나의 눈을 빛나게 만들었네

## 철부지 엄마


방학동안 막내딸 키 키우려
부엌에서 지지고 볶고

한겨울 수도꼭지 냉수만 흘러
새끼손가락 병이 났네

호들갑 떨며 엄살에 엄살을 더해
벌러덩 드러누운

강한 엄마가 못된 철부지 엄마
아무리 애를 써도 부족한 엄마

일은 소처럼 하고
가족들 냉대 말로 받는
뒤죽박죽된 내 자리

2% 부족한 딸의 키에
2% 부족한 엄마의 손가락만 쑤신다

# 미움 품은 사랑

밤이면
고단한 강아지
안아주는 화려한 고양이

어울릴 것 같지 않은
둘만의 사랑

사랑이 미움을 품고
어루만져 주듯

기나긴 시간에
목마름
웃음꽃 안겨주네

# 소금강 계곡에서

기이한 바위 뚫고
절벽 바위에
우뚝 서 있는 소나무

아슬아슬하기 짝이 없는
우리네 마음과 달리
용기가 하늘을 찌른다
우뚝 선 소나무 되어본다

마치 금강산 바위인 양 만물상은
흐르는 계곡물과
사람들 환호성을 듣고 있다

벌어진 입 닫지 못한 채
아쉬운 발걸음만 재촉할 뿐
마음은 그 자리에 머물러

## 일소일소 일노일노

누군가를 미워하고
누군가에게 화를 품어
나 자신만 지치게 만들었네

각진 마음
모난 마음
앙칼진 마음
분을 활활 타오르게 하네

'일소일소 일노일노'를
수백 번 부르고 불러
웃음을 끌어안네

욱하는 마음 꿈틀댈 땐
그 노래 불러와
내 입안에 넣는다

# 인생길

어둡고
구불구불하여
처음이 어딘지 모르겠네

살다보면
이곳을 걸을 때가 있지

거칠음과 험한
넘어지고
일어서면 또 넘어지는
인생길

다시 처음으로 가려해도
되돌리기 어려워

그저 자장면만 헤집고 있네

# 인간 중독

세월은 흘러
산천도 변하고
사람도 변하되
누군가를 사랑하는 마음 끝이 없네

혼자일 땐
폭포 같은 사랑을
결혼 후엔
금지된 사랑을

울타리 속에
그리운 마음 감추고
승화된 마음 가지려 매달리네

어디서 와서
어디로 가 길래
이토록 힘들게 할까

중년의 사랑이 흔들리네

## 재주꾼


찌든 때 하얀 종이처럼 씻어주는
야채 모아 맛난 요리 만들어 주는
머리카락으로 요술부려 멋쟁이로 변신시켜주는
죽어가는 이에게 새 생명 주는
노랑, 빨강, 하양 고무장갑은 재주꾼

# 하루

때로는 소리 없이
때로는 귀가 터질 듯
때로는 나 홀로 상상 속
시간여행을 떠날 때 도
때로는 벗들의 포근함에 휘감겨도

하루는 노크 없이 찾아와
누군가와 같이 있다

## 못다 핀 꽃들

꽃 한번 피워 보지 못한 몽우리들
바닷속에 던져져 방황하고 있네

다시 잡으려 애를 써도
아른거릴 뿐
잡히질 않네

시련 옷
경쟁 옷 입고
견디어 왔는데

이렇게 보내야 하는가

활짝 핀 꽃 꼭 다시 보고 싶다

## 뻥 뚫린 삶


네가 없으면 갑갑한 집에 갇혀
발바닥에 물집이 생기겠지

아휴 하고 숨을 가다듬으며
숨통을 열어 봅니다

아이 시원해라
나도 바깥세상으로 나왔구나
덩실덩실 춤을 추지요
내 맘대로 슬리퍼
질질 끌기도 하고
발끝으로 차기도 하면서
가볍게 걷습니다

내 탄탄대로 삶도
뻥 뚫리기를 바라며
슬리퍼를 끌고 갑니다

# 소나무

사계절 푸르름을 던져 주는
너의 모습
든든하기만 하구나

솔솔 불어오는 너의 향기
심취되어
눈을 감는다

온갖 나무들이 옷을 벗어도
너는 언제나
선비의 기상으로 입고 있지
언제나 당당하던 네가
청솔모에 의해 허물어져가니
안타깝구나

그래도 꿋꿋하게 버티어다오

갈 곳 잃어 헤매는 사람에게
넌 희망을 주니까

## 마치 마술사 같이

은은한 빛
퍼뜨려
딴 세상 만드네
마치 배우가 된 것처럼

마치 이야기보따리 터진 것처럼
소곤소곤 속삭임
끊일 줄 모르고
밤새우게 만드네

어쩜~
저런 모양 저런 빛깔을
가지고 있을까

나도
갇혀 있는 마음 버리고
분위기 따라 시시때때 변할 줄 아는
멋진 삶을 살고 싶다네

# 발자국

달빛 속에
누군가 왔다 갔나봐
흰 눈 위에 도장 찍어 놓았네

사랑모양, 미움모양
근심모양, 질투모양, 기쁨모양

그 곳에 내 발 하나
뽐내듯이 찍어 놓아 보네

바람이 찾아와
소리 없이 지우고 가버렸네

## 5부. 엄마의 된장 맛

## 너에게 난

홀홀 혼자 살 수 없어
너랑 나랑 어우러져
알콩달콩 집을 짓는다

산다는 것
하루하루 허송세월 물리치려
너랑 나랑 마주보며
온 종일 지저귄다

여기저기 기웃기웃
반기는 이 넘치도다

인심 얻은 그대는
소금 중에 소금이로다

# 아지랑이

꽃도 아닌 것이
흐느적흐느적 꽃을 피우네

뜨거운 열기에
녹아 버렸나봐

보면 볼수록 더 희미하게
멀어져 가는구나

언제쯤 본래의 너를 볼 수 있을까

바쁘게 살아가는
우리네 모습
아스팔트 위에 핀
아지랑이 꽃 같구나

# 상처

넓고 잔잔한 호수에
돌 하나 던져져
요동치는 것처럼 파동을 만들 듯

싱싱하던 봄에
마냥 날뛰던 몸
고얀 손님 찾아와
시들게 만들었네

고장 난 몸
다시 불태우네
안간힘 쓰네

오호,
여기저기
간질간질 가려우니
다 나았나봐

# 오빠

단발머리 팔랑이며
오빠 오빠 미친 듯 외쳤네

나 위한 노래인양
사랑에 빠져
시간 가는 줄 모르네

어느 날
인기 짱 선생님
오빠 오빠라 부르며 따라다니던

아이돌 뒤로 하고
백마 탄 용필오빠
우리들 영원한 오빠일세

# 엄마의 된장 맛

코끝을 간질이듯
솔솔 들어오는
손님은 누구일까

홀린 듯 베란다 창밖에
목 빼고
심호흡을 해 본다

옆집일까, 아랫집일까
아니면 윗집일까
우리 집에서 나는 냄새보다 더 맛난 냄새

달려가 그 집 맛을
훔쳐오고 싶다
엄마의 된장 맛 냄새를

# 마술사

담장에 사이좋게 어우러져
아름다움 뽐내고 있는 너

7개의 숭어리, 5개의 숭어리
3개의 숭어리 모두 모여
탐스런 꽃다발 이곳저곳 뿌려 놓았네

보는 이의 마음 빼앗아
상상의 나래 펴게 만드는
6월의 장미는 마술사

나 너 닮아
울타리에 마술 부려
멋진 시 주렁주렁 매달고 싶다

내 마음 · 내 열정 다 할 때까지

## 초원 위의 말들


넓고 넓게 이어진 초원
뛰어가 뒹굴고 싶다

말들과 같이 풀을 뜯고 싶다

긴 꼬리 흔들며 서 있는 자태
요염한 여인인 듯

더위에 지칠 줄 모르고
평화롭게 거니는 말들
보는 이의 마음을 달래어 준다

파란하늘,
온통 초록으로 물든 들판에
유유자적 노니는 말들

신선놀음이 따로 없구나

# 나쁜 남자

어디서 보았더라
언니네 집 가는 길

어디서 보았더라
퇴근하는 버스에서

아~
그 사람
내 스타일 아닌데

어느 날
퇴근길 버스 안에서 팥빙수 사준대

갈까 말까
정말 내 스타일 아닌데

팥빙수 몇 번 먹고
결혼 해줄래 하네

아이
세상에 공짜는 없나봐

# 그 시절

철없이 알지도 못한 채
무작정 언니와 오른 길

길도 아닌 길
만나는 이 없이
무서움 끌어안고 힘겹게 올랐네

30대 우린 까르르 웃으며
산이 주는 선물을
만끽하며 환호성에 젖어 버렸네

어느새
50대가 되어 버린 언니

꽃단장하고
다시 가 볼까

## 안식처

외로움 떨쳐 버리려 끝없이 걸었네
흐르는 눈물 훔치며 연둣빛 길을

길가에 풀들 벗 삼아 목마름 달래며
흐르는 물에 마음을 실었네

천륜을 어찌 버릴 수 있을까
찢어지는 내 마음을 당신도 아실까?

깊어지면 큰 병 손님 올까
당신을 놓으라고
인사하는 벗들이 속삭이네

용서하세요, 용서하세요 이 못된 자식을

당신에 대한 그리움
당신에 대한 잘못
무심천에 모두 실어 보냅니다

# 질경이

사람들 시선 외면당한 채
무심히 밟히고 밟혀
질기고 질기게 자랐네

쓸모없이 구박 받고
씨 퍼뜨려 눈치 받고
어딜 가나 애물단지

어느 날,
질경이 효능 소문에 꼬리 달아
사람들 날로 날로 업어가네

질경이, 질경이 찬사에 경사났구나

# 문자


아무도 모르게 너하고 나만
쉿!

옆 사람 못 보게 등 돌려
콕콕

미친 듯이 누르고 밀고
해바라기처럼
고개들 줄 모르네

온종일 만지작만지작
문자 확인 수십 번

대답 없는 핸드폰 답글 기다리다
기다리다 지쳐 참지 못해
보낸 문자 수십 통

아~
이번 달 또 망했다

# 파도

철썩 철썩 바위를 때리고
철썩 철썩 공허함도 때리고
철썩 철썩 내 마음마저 때린다

무엇 얻으려
쉬지 않고 쓸어 갈까

실연의 아픔도 쓸어갈까
아픈 기억 씻으려
인생의 실패 쓸어가는 파도 맞으러 간다

사랑하는 이를 위하여
성공을 위하여
축복을 위하여 파도 타러 간다

순해진 파도소리
한결 가벼운 마음으로
철썩 철썩 철썩

## 정신 차려

멍하니 시간을 흘렸고
      젊음을 흘렸고
      재주를 흘렸네

한바탕 야단을 치듯
쏟아지는 빗줄기에
한 대 얻어맞아

마음 다지며
시작을 부르고
휘저어 봤지만
손안엔 물거품만 남았네

정신 차려
정신 차려
소나기를 흠뻑 맞는다

## 인형 만들기


옹기종기 둘러 앉아
이야기 주머니 열어
한 땀 한 땀 이어가네

서로 서로 바라보며
뒤질세라
촘촘히 꿰메
머리, 몸, 팔, 다리 잇고 이어

꿈 도깨비, 먹 도깨비, 책 할머니, 소녀, 엄마, 아빠
아이들로 살아나네

색깔별로 옷 입히고
머리모양 멋 부려 만든 인형
어느새
내가 되었네

# 플라타너스

울퉁불퉁 단단한 근육으로 덮인
뽀얀 피부
매끄럽게 빠진 긴 몸매

금방이라도 달려가
널 안고 싶어진다

하나가 아닌 너무 많아
누구를 안아야 할지

오랜 시간 살 섞은 집 남자보다
처음 본 네가 좋아
보고 또 쳐다본다

## 우리는 하나


말도 다르고 얼굴도 다른

심금을 흔드는
영국 첼로 오케스트라

맑은 음률 타며
팔딱팔딱 움직이며
관객들 취하게 만드네

감춰둔 첼로의 재주
관객들 박수 소리
야금야금 먹어 가네

지휘자의 움직임 따라
함께 부르는 아리랑
감동의 물결 출렁이니
우리는 하나

## 부푼 꿈을 꾸며

설레이는 마음을 안고 달려갑니다
즐겁기도 하겠지만
때로는 부딪히고 넘어지기도 하겠지요

슬퍼하지 말아요
공허함이 메아리치더라도
조금만 더 견뎌봐요

저기 멀리서 손짓하며 부르는
미래가 있어요
산처럼 큰 희망이 있어요

# 금

던져라
퍼부어라
내 품속으로

모진 세상 너 하나면
웃음꽃 피리라

### 초원 위의 말들

초판1쇄 인쇄 2025년 6월 30일
초판1쇄 발행 2025년 7월 10일

지은이　　황길순
만든이　　박찬순
만든곳　　예술의숲
　　　　　등록 2002. 4. 25.(제25100-2007-37호)
주　　소·충청북도 청주시 상당구 교서로2
전　　화·070-8838-2475
휴 대 폰·010-5467-4774
이 메 일·cjpoem@hanmail.net

ⓒ 황길순, 2025. Printed in Cheongju, Korea
ISBN 978-89-6807-220-8 03810
■이 책에 실린 작품의 저작권은 해당 작가에게 있습니다.